L'EFFONDREMENT

DU

PALAIS DE JUSTICE

DE

FONTENAY-LE-COMTE.

N°

FONTENAY-LE-COMTE. — IMPRIMERIE ROBUCHON.

L'EFFONDREMENT

DU

PALAIS DE JUSTICE

DE

FONTENAY-LE-COMTE

ARRIVÉ LE 8 JANVIER 1699

Suivi d'un poème sur le même sujet et de stances à la gloire

DE

M. LE MAIRE PERPÉTUEL DE CETTE VILLE.

NIORT

CLOUZOT, LIBRAIRE-ÉDITEUR

RUE DES HALLES.

—

1866.

Les pièces burlesques qui vont suivre auraient été, d'après une note de M. Pressac, ancien bibliothécaire-adjoint de la ville de Poitiers, imprimées, sous le titre que nous leur conservons, en 16 pages in-4°; mais nous ne les avons jamais vues en original, et aucun autre bibliographe ne les a signalées. Si une édition clandestine en a réellement été donnée, elle a dû être très restreinte, ou bien les exemplaires en ont été détruits. Quoiqu'il en soit, celle-ci a été faite d'après une copie manuscrite de la seconde moitié du XVIIIe siècle, provenant de la collection de documents historiques léguée par La Fontenelle de Vaudoré à la Bibliothèque de Niort, où elle est maintenant conservée. On lit en marge : *Communiqué par M. de Villars, médecin à la Rochelle* (1), sans autre indication, et elle porte simplement pour titre : *Poëme burlesque sur la chute du palais de Fontenay*. Il y a lieu de croire qu'elle a fait autrefois partie des manuscrits de D. Fonteneau.

Quant au nom de l'auteur anonyme de cette turlupinade, il n'est peut-être pas impossible de le retrouver. Les investigations nombreuses auxquelles on s'est livré, dans ces derniers temps, sur notre histoire locale ont, en effet, appris qu'à l'époque où se passa l'accident, qui en fait le sujet, Fontenay renfermait dans son sein cinq ou six personnages ayant des prétentions litté-

(1) Girard de Villars (Louis-Marie), né à Luçon, membre correspondant de l'Académie des sciences. Son curieux cabinet renfermait beaucoup de richesses historiques et littéraires.

raires. Il ne s'agit donc que de les passer en revue, et de voir auquel d'entre eux il convient davantage de l'attribuer.

Signalons d'abord l'avocat Pierre Hugueteau, dont il sera question plus loin, juriste et rimailleur, tout dévoué aux Jésuites.

Viennent ensuite : André Garipault, curé de Notre-Dame de Fontenay, l'un des anciens agents de Foucault et de Basville pour la conversion en masse des protestants bas-poitevins, après la révocation de l'Édit de Nantes;

Jean Billaud, autre avocat, qui légua, en mourant, ses livres et une notable portion de sa fortune aux enfants de Saint-Ignace;

Agathe Tiraqueau, religieuse du couvent du tiers-ordre de Saint-François, qui a laissé quelques écrits mystiques en vers et en prose.

Ce n'est assurément aucun de ceux-là qui a composé les pièces en question. Leur attachement à la Compagnie de Jésus est d'ailleurs trop connu, pour qu'ils se soient permis les attaques qu'elles renferment à son encontre. Il est un peu plus difficile, au premier abord, de se prononcer entre les deux suivants :

Gabriel Brunet, sieur de Broue, plus tard lieutenant en l'élection, l'auteur bafoué du *Tendre Olivarius* et de la *Religieuse malgré elle ;*

François Duchesne, sieur du Mesnil, sur lequel nous allons donner quelques renseignements biographiques de nature à faire pencher la balance de son côté.

François Duchesne, avocat, originaire de Nogent-le-Rotrou, était issu d'une famille qui avait acquis quelque fortune dans le négoce et l'exercice de la médecine (1). Attiré, dès 1684, en Poitou par La Cropte de Boursac, mari de la fille unique du dernier des Tiraqueau de Denant, il débuta par être homme d'affaires de son protecteur, et obtint ensuite, par son entremise, l'emploi de commissaire des vivres à Fontenay, où il épousa, en 1695,

(1) Il avait un frère, du nom de Jacques-Philippe, qui fut d'abord receveur des traites foraines, à Champagné-les-Marais, puis ensuite à la Rochelle, et qui épousa, en janvier 1706, Suzanne Gillois, fille d'un cabanier de Champagné.

Marie-Françoise Morienne (1), riche héritière, qui lui apporta en dot divers gros immeubles.

Délivré, dès lors, des soucis d'une vie jusque-là passablement précaire, François Duchesne s'adonna à son goût pour les lettres; il rassembla une nombreuse bibliothèque, et se bâtit une charmante maison pour la loger. En homme bien avisé, il consacra toutefois les prémices de sa muse à la glorification du Roi-Soleil, dans l'espoir, bientôt justifié, d'attirer sur son humble personne quelque éclatant rayon qui en lustrât la rôture. Malheureusement pour lui, il était, en qualité de robin, quelque peu janséniste, comme le prouve un petit poème en l'honneur de Louis XIV, composé vers 1696 (2). Mais l'argent pallie bien des griefs. Quelques sacs d'écus, versés à propos entre les mains des traitants, aplanirent les obstacles, et, un beau matin, le fils du bourgois de Nogent s'éveilla gentilhomme. Ce fut en reconnaissance de cette grâce qu'il fit placer au-dessus de la porte monumentale de sa maison du Clos Saint-Louis, au faubourg Sainte-Catherine, le buste royal, avec cette peu modeste inscription gravée sur la plinthe :

OPVS. LITTERIS. PVBLICIS. HV
IVS. ÆDIS. SVMPTIBVS. PERP
ETVO. REFICIENDVM.
AD. PERPETVAM. MEMORIAM. ERECTI. ERIGEN
TIS. QVE. FRANCISCI.
DV. CHESNE. SCVTIFERI.

On lisait sur d'autres parties de l'édifice des sentences grecques et latines dans le goût de celles-ci :

MIRANDA QVIES. EXPECTENDA VICISSITVDO.
MEVS MEVM ARDOR SVPERAT OPVS.

(1) Marie-Françoise Morienne était fille de Jacques Morienne, sieur du Vanneau, petit-fils lui-même de Macé Morienne, marchand de grains et farines, puis conseiller en l'élection, qui a laissé son nom aux Moulins-Morienne, situés près de la Folie. Ce Macé Morienne, ayant acquis une fortune considérable, se fit octroyer, moyennant finance, *étant encore blanc du moulin*, le 2 novembre 1596, des lettres de réhabilitation, qui le déclarèrent allié à la noble famille de Maurienne, du Dauphiné. *(Archives de la préfecture de la Vendée. Titres des familles, v° Morienne.)*

(2) Le manuscrit original se trouvait, il y a quelques années, entre les mains de M. Benjamin Gauly, alors juge de paix de Fontenay.

Tout en s'occupant de littérature, François Duchesne n'oublia pas non plus le côté pratique des choses. Il sut même si bien conduire ses affaires, qu'il finit par échanger son titre de régisseur et de fermier de la baronnie de Denant contre celui de propriétaire de ce domaine, qu'il légua, comme titre nobiliaire, à ses descendants. A sa mort, arrivée le 18 février 1722, il était dans sa cinquante-septième année; ce qui reporte à 1665 la date de sa naissance. Il avait, par conséquent, 34 ans à l'époque de l'*effondrement* du palais de justice de Fontenay.

Il est donc très vraisemblable que la boutade rimée, que nous donnons au public, est l'œuvre de sa plume. Dans tous les cas, l'auteur était, comme lui, janséniste; comme lui, c'était un homme ayant étudié autre chose que le Droit. On y trouve les mêmes allures cavalières qui se font remarquer dans le poème en l'honneur de Louis XIV, mentionné plus haut, et l'on s'aperçoit, du reste, dès le début, qu'on a affaire à un mauvais plaisant non dépourvu de verve et d'esprit, et non pas à un grimaud littéraire de la force du pauvre Brunet.

Maintenant que cette première question est à peu près apurée, il reste à indiquer le motif qui a poussé l'auteur à faire un véritable pamphlet de sa relation d'un événement déplorable à plus d'un titre.

On sait quel coup avait porté à l'ancien système d'organisation municipale l'édit du mois d'août 1692, qui, sous prétexte de réformer les abus résultant de ce que les maires ménageaient certains bourgeois, au détriment des autres, afin de s'assurer leurs suffrages, avait enlevé aux communes le droit d'élire les membres de leurs municipalités, et les avait remplacés par des maires et des assesseurs en titre d'office. De vives protestations s'élevèrent à cette occasion de toutes parts; mais, comme il s'agissait là en réalité d'une opération financière, que le gouvernement espérait devoir être fructueuse, on passa outre, et les villes durent se résigner à ce nouvel état de choses.

L'irritation fut grande, on doit le comprendre, parmi la bourgeoisie, habituée à tenir le haut bout dans la gestion des affaires communales. Ce fut encore bien pis, lorsque les fonctions de maire perpétuel furent dévolues à des hommes nouveaux, comme cela arriva à Fontenay, où les anciennes familles de la ville se virent préférer, grâce à l'influence des Jésuites et à celle des écus, le fils d'un marchand, dont le père ou l'aïeul était venu lui-même des marais de Grues ouvrir boutique à Chaix. Jean Godet (1), avocat assez intelligent du reste, eut donc, à dater du jour de son installation, à subir les lazzis, les quolibets, les honnêtes petites calomnies de la bande des apprentis gentillâtres qu'il venait de supplanter. Rien n'est tenacement agressif et sournois comme une oligarchie locale, dont la vanité blessée se trouve une fois mise en jeu. Tout lui sert d'arme au besoin pour assouvir ses haines. M. le maire perpétuel en fit à ses dépens la cruelle expérience. Mais il n'était pas d'humeur à lâcher pied pour si peu. Il laissa clabauder et rire, aguerrit stoïquement son amour-propre aux coups d'épingles de la médisance en éveil, et parcourut jusqu'au bout le rude chemin de croix de l'impopularité, qui toujours est le partage des positions fausses. Ses fonctions ne prirent fin qu'en 1715, avec le règne du Grand Roi.

François Duchesne, en sa qualité de bourgeois-gentilhomme, était naturellement du nombre des jaloux de Jean Godet.

Il existe une relation en prose, contemporaine de l'accident du 8 janvier 1699. Consignée dans le journal de famille de Pierre Hugueteau, sieur de la Repoussonnière, avocat au siége royal, dont le manuscrit original est entre les mains de M. Fortuné Parenteau, de Nantes, elle a déjà été insérée dans les *Recherches historiques sur Fontenay*, T. I, page 314. Elle est loin d'être aussi détaillée que l'autre; mais, en corroborant les principaux faits racontés dans cette chronique tant soit peu scandaleuse, elle confirme implicitement le reste. Nous la reproduisons ici, pour servir de prologue.

(1) Jean Godet, sieur de la Maison-Neuve, juge des manufactures et de police, fut le premier maire perpétuel de Fontenay. Cette charge fut achetée moyennant 14,000 livres par Marie Guilloteau, sa mère, veuve de Nicolas Godet, marchand de draps et soies, qui lui en fit délivrer les lettres de provision à l'occasion de son mariage avec Charlotte Papin, sa cousine, fille d'un chirurgien-barbier, qu'il épousa le 22 février 1694.

« Ce dit jour, le seigneur Godet de la Maison-Neuve, mayre de Fontenay, avoit convoqué, à dix heures du matin, presque tous les honnestes gens du lieu, dans la salle où se tiennent les assemblées du corps de ville, qui est une chambre haute du palais, située au-dessus de l'auditoire des audiences, pour y entendre une harangue sur *le secret*, conformément à un ancien usage de tenir tous les ans cette assemblée, à cause des anciens renouvellements de mayre, qui se faisoient au commencement du mois de janvier. Je m'assis sur une banquette attachée au mur, qui dominoit les auditeurs. Finalement, comme je suivois attentivement le discours du seigneur Godet, qui traitoit d'un point très populaire et très connu, pour savoir s'il ne mettoit point au pillage les auteurs qui avoient écrit sur ladite matière, tout le plancher, et toute ceste multitude de gens qui estoit dessus, fondirent en bas, jusque à my-pied de mes souliers, ce qui m'obligea incontinent à dépouiller ma robe de palais en la déchirant, attendant toujours à tomber avec le mur sur les autres; mais j'en fus heureusement garanti et préservé. Mon bonheur a esté d'autant plus grand en cela, que plusieurs personnes ont esté gravement blessées; car MM. Babin, conseiller, et Cardin, procureur, eurent chacun une jambe cassée (on fut même obligé de couper celle du second), et M. le Président en l'élection en mourut. J'en dois rendre de très humbles et très ferventes actions de grâce à N. S., qui m'a sauvé de cet imminent danger, à ce que je crois, par les prières de quelques bonnes amies et parentes religieuses que j'ay, de madame Agathe Tiraqueau, l'une des plus perfectionnées religieuses de Saint-François de ceste ville, et de mes cousines-germaines Bonnault, bénédictines et carmélites. »

Fontenay, 1er Février 1866.

BENJAMIN FILLON.

L'EFFONDREMENT

DU PALAIS DE JUSTICE DE FONTENAY-LE-COMTE.

I.

Je veux chanter, d'un ton burlesque,
L'aventure tragi-grotesque,
Où le pauvre maire Godet
Paya l'amende à Brebaudet (1).
Je sais que ce genre d'écrire
N'est propre que pour faire rire ;
Mais aussi je sais qu'Apollon
Et les sœurs du sacré vallon
Ont déjà chanté l'aventure
En poèmes de toute nature.
De plus, beaucoup de gens m'ont dit
Qu'on en a mieux pleuré que ri.
Calliope, petite muse,
Œil enjoué, face camuse,
Venez, de grâce, à mon secours,
Et m'enseignez tous les détours,
Pour ne pas tomber dans la vase
De l'abreuvoir du vieux Pégase.

Le huitième jour de janvier,
Qu'on doit mettre au calendrier
Pour être aux harangueurs funeste,
Car, à pareil jour, à Nevers
Une salle, mise à l'envers,
Fit, chose pourtant peu permise,
Danser beaucoup de gens d'Église ;

(1) *Payer l'amende à Brebaudet; aller à Brebaudet,* dictons populaires du temps, signifiant commettre une ânerie. Breuil-Bodet, par corruption Brébodet, était un manoir de la paroisse de Saint-Cyr-des-Gâts.

Aussi, dit-on, que de ce bal
Maint chanoine se trouva mal.
Godet, à ce que dit le conte,
Maire de Fontenay-le-Comte,
Voulant, ce jour, à son pouvoir
Faire monstre de son savoir,
Avoit accoutumé sa langue
A prononcer une harangue
Sur l'utilité du segret,
Ce dont il a fort grand regret.
Il s'étoit, dans son oratoire,
Exercé dans l'art oratoire,
Tant que son geste et son maintien
L'assuroient que tout iroit bien.
L'orateur, qui veut qu'on le loue
Plus que Fléchier ou Bourdaloue,
Met son affiche au carrefour,
Qui déclare l'heure et le jour.
Aussi ce nouveau Démosthène
S'étoit-il donné cette peine,
Et plus encor, à ce qu'on dit,
Avoit employé son crédit
Pour faire avoir la belle place
Aux chers enfans de Saint-Ignace,
Et fait inviter, haut et bas,
Gens de tout sexe et tous états;
Si bien qu'il ne restoit en ville,
Qu'enfans et vieux peuple inutile.
La salle haute du palais,
Qu'on avoit parée au balais,
Etoit déjà pleine et comblée
De belle et nombreuse assemblée,
Et jamais, dit-on, harangueur
Ne s'attendit à tant d'honneur.
Déjà l'attentive assistance
Avoit fait chut, prêtoit silence,
Quand tout d'un coup, o piteux cas!
Quel tintamare et quel fracas!
La poutre du milieu se casse,
Puis en tombant brise, fracasse
Soliveaux, plancher et chevrons,
Et tous les bois des environs.
Là, l'un sur l'autre, pêle-mêle,

Tombent plus dru que de la grêle,
Moines, avocats, conseillers,
Dames, marchands et cavaliers.
Où futes-vous, dame Justice?
Vous n'auriez plus tâté d'épice.
Thémis vous a favorisés,
Messieurs, car vos trônes brisés
Sont un témoignage notoire
Que, si votre noble auditoire
Eut en ce jour été rempli,
Maint dommage fut accompli.
Quels piteux cris! o quel désordre!
A l'un la poussière on voit mordre;
Un autre, encor les pieds en haut,
Commence d'achever le saut.
L'un se trouve sur une table,
Que la chûte d'un autre accable.
Certaine jupe, prise au croc,
Semble attachée avec un froc,
Et plus bas on voit des mélanges
De capuchons et de fontanges.
Confusion de toutes parts,
On ne voit que membres éparts!
Icy l'on voit des jambes nues,
Là, d'autres à demi vêtues,
Enfin, tout sans dessus dessous,
Pieds et mains, têtes et genoux.
Quelques enfans de Saint-Ignace
Faisoient, là, piteuse grimace,
Et le bon père Matelot (1)
N'eût pas réchappé de ce flot:
Mais Atropos, malgré sa rame,
Avoit déjà coupé sa trame.
Le noble père Maisontiers (2)
Auroit souhaité volontiers
Etre, pour lors, en maison tierce
A dire laudes, prime ou tierce.
La quiétude, en ce moment,
Ne le rassuroit nullement.

(1) Jérôme Matelot, prédicateur jésuite.

(2) Louis Tusseau de Maisontiers, autre jésuite, fils de Louis Tussean, baron de Maisontiers, et de Marguerite du Raynier. Il semblerait, d'après ce que dit l'auteur, qu'il eût embrassé les doctrines quiétistes de Mme Guyon et de Fénelon.

Lors, une dame renversée
Auroit causé grande risée,
Sans un suppôt de Loyola,
Qui très à point se trouva là,
Et, craignant de salir sa vue
Bien plus fort que par la brelue,
Fit promptement, de son chapeau,
Ce que fit Sem de son manteau.
Mais à la fin de cette esclandre,
Quand il fallut chapeau reprendre,
Le même ne se trouva plus.
Chercher eut été superflus;
Et le bon père prit en hâte
Le premier tombé sous sa pate,
Qui se trouva bordé d'argent,
Et le bon père révérend
Eut sa papalistre couverte
D'un beau castor à plume verte.
Mais qu'y faire, qu'est ce qu'on veut?
En pareil cas : sauve qui peut!

Cependant on crie en la rue :
« Mon fils a la jambe rompue!
» Mon mari s'est cassé le bras!
» Mon cousin a deux dents à bas! »
Cardin (1) a la cuisse cassée,
Pichard (2) une côte enfoncée.
Enfin, dans ce confus débris,
On entend mille piteux cris.
Renaud (3), procureur, homme grave,
Qui, ce jour-là, s'étoit fait brave,
Dans une fenêtre sauvé,
Fut de la chûte préservé;
Comme autrefois à Pignerole,
Fouquet (4), jouant un pareil role,
Se trouva guéri du hoquet.
Heureux Renaud, heureux Fouquet!

(1) Jacob Cardin, avocat et ensuite procureur au siége royal. On a vu, par la relation d'Hugueteau, qu'on fut obligé de lui faire l'amputation de la cuisse. Il mourut célibataire le 31 octobre 1706.

(2) Nicolas Pichard, avocat, fermier des marais de l'évêché de la Rochelle à Maillezais, et son homme d'affaires.

(3) Louis Renaud, janséniste zélé.

(4) Allusion au danger auquel échappa l'ex-surintendant Fouquet, au mois de juin 1665, lors de l'incendie du château de Pignerol, où il était retenu prisonnier.

D'un autre part, un bon vieux prêtre,
Entendant, par une fenêtre,
Madame d'Apellevoisin (1),
Qui crioit : « à l'aide, voisin! »
Dit, dans l'accès de sa manie,
« Sans doute la ville est trahie?
» De harangueur de tel carat
» On doit craindre dol et barat. »

Cependant un chacun s'empresse
A retirer de cette presse,
L'un son frère, l'un son cousin,
Son fils, son amy, son voisin;
Celuy-là son oncle, son père,
L'un sa maîtresse et sa commère,
Sa fille, sa tante, sa sœur,
Et cet autre son confesseur.
L'un sort avec une fracture,
L'autre à la tête une blessure :
Quelqu'un saigne, mais c'est du nez.
Entre les plus infortunés,
Un Dominiquain qu'on emporte,
Est blessé d'une étrange sorte,
Et craignant un plus grand malheur,
Il s'écrioit tout haut : « Seigneur!
» Pardonnez à ce pauvre maire,
» Il est innocent de l'affaire (2). »
« — Ce maire, dit frère Vincent,
» N'étoit bon que pour Saint-Maixent,
» Et l'on devoit envoyer paître
» Ce demy-Cicéron champêtre (3). »

Une bande de Capucins,
Moins blessés que les Jacobins,
Froc enfoncé, robe troussée,
D'une contenance empressée,

(1) Marie Arrivé, fille d'un lieutenant au siége royal de Fontenay, femme de Henri, marquis d'Appellevoisin, seigneur de Bouillé, mauvais sujet qui se conduisit fort mal à son égard, et la força plus d'une fois, sans doute, d'appeler au secours; ce qui lui fit payer un peu cher l'avantage d'avoir employé son fumier plébéien à graisser de nobles terres, auparavant fort maigres et surtout fort obérées.

(2) Voir sur les Jacobins, qui peuplaient alors le couvent de cette ville, l'*Etat du Poitou sous Louis XIV*, par M. Charles Dugast-Matifeux, page 458.

(3) Godet était né à Chaix, bourg voisin de Fontenay.

Et, sans demander leur bâton,
Marchoient plus vite qu'à tâton.
Lorsqu'ils virent la porte ouverte,
Sandale ou non, la troupe alerte
Gagne vers le Puy Saint-Martin,
Sans saluer Jean ni Catin.
Ils entrent, tant leur peur est grande,
Tête baissée à Gernigande (1),
Quand le dévot frère Michel (2)
Dit au père Natanaël :
« Où nous menez-vous donc, mon père ?
» Ce n'est pas notre monastère,
» Et bien qu'il habite en ce lieu
» Des personnes qui craignent Dieu,
» Ces personnes sont d'un sexe,
» Qui ne nous est pas trop connexe.
» Enfin qu'allons-nous faire là?
» Faire demander : qui va là?
» Et puis quand, d'une voix mal sure,
» Nous aurons dit notre aventure,
» Mademoiselle de Puymais (3)
» Nous répondra : je n'en puis mais. »
A ces mots le Père s'arrête,
Passe sa main dessus sa tête,
Polit sa barbe, et, sur son front,
Fixe le pli du capuchon,
Et, prenant un peu d'assurance,
Reconcerte sa contenance,
Disant qu'il veut perdre le col,
Si jamais il est assez fol
Pour se prendre à pareille musse.
Frère Michel, dont la capuce
Couvre la tête d'un soldat,
N'en avoit pas fait grand état;
Lui qui vit cent fois les ruines
Que font les fougaces, les mines,
En renversant, de part en part,
Bastion, courtine, rempart.

(1) Jarnigande, maison située à côté du couvent des Capucins.

(2) Michel Legras, prédicateur des Capucins. C'était un ancien soldat, qui avait servi sous le maréchal de Luxembourg.

(3) Louise Dehanne, femme de Louis Simonneau, sieur de Puy-Thémer (par corruption Pithumé, Puymé, Puymais), paroisse de Saint-Martin-l'Ars.

Revenons dessus le théâtre,
Où Godet fait le diable à quatre,
Avec des cris de possédé,
Pour détester son procédé,
Jurant, par l'âme de son père,
Qu'on ne lui verroit jamais faire
Ni harangue, ni compliment
Qu'à table et qu'au jeu seulement;
Mais non pas au jeu de la bête,
Auquel on se casse la tête.
« Tout beau! monsieur, vous jurez mal,
Lui dit monsieur le Sénéchal (1) :
« Je sens une douleur extrême,
» Et pourrois jurer tout de même;
» Mais, quand je veux faire un serment,
» C'est par un autre jurement (2). »
La réprimande salutaire
Le déconcerte et le fait taire.
En ce moment, monsieur Papin (3)
Reçut un étrange tapin;
Mais ce bon dévôt à saint Côme,
Pour prévenir tous les symptômes
Que pourroit bien causer un mal
Plus cuisant que le reagal,
Se fera tôt ouvrir les veines,
Tant basiliques que sapheines,
Usant de fomentation.
Mais, pour cette contusion,
Qui règne vers le pérignée,
Région de nature ignée,
Avec équimose au scrotum,
Medice, cura te ipsum.
Certain autre enfant d'Hypocrate,
Grand ennemi du mal de rate,
Je veux dire monsieur Corbier (4).
Sortit, dit-on, sans détourbier,
Jurant qu'il veut avoir la goute,
Si jamais harangue il écoute.

(1) Charles Moriceau, sieur de Cheusse, nommé sénéchal de Fontenay le 3 juillet 1691. C'était un ancien protestant converti à la révocation de l'Edit de Nantes ; ce qui lui avait valu force faveurs de la part du gouvernement de Louis XIV.

(2) Ils étaient tous deux fils de marchands de draps.

(3) François Papin, médecin, beau-frère du maire Godet.

(4) N. Corbier, médecin qui traitait spécialement les goutteux et les gens attaqués de rhumatismes.

Monsieur Courtin (1), le procureur,
N'eut point d'autre mal que la peur;
Et sa culotte, un peu brisée,
N'étoit qu'un sujet de risée,
S'il n'eût point perdu quelque écu,
Que sa pochette avoit au cu.
Monsieur Babin (2), de cette presse,
Se retiroit avec adresse,
Quoiqu'il se trouvât bien pressé,
Sur une table renversé.
Mais, par malheur, sur cette table,
Par l'instigation du diable,
Le greffier laissa son bonnet,
Sa boîte à poudre et son cornet,
Qui, se trouvant dessous la fesse
Du pauvre Babin en détresse,
Lui firent faire un contresaut.
Lors, un chevron, tombant d'en haut,
Lui disloque, brise, fracasse
L'apophyse du métatarse,
Faisant fracture au tibia ;
De sorte que grand mal il a;
Ce qui cause triste frimouse
A sa jeune et charmante épouse.
Le pauvre monsieur de Sergné (3)
Eut grand besoin d'être saigné,
Etant contus sur l'épigastre,
Sur l'hypocondre et l'hypogastre.
Ayant, depuis l'ombilicum
Jusqu'à l'endroit où le sternum
Se joint avec les clavicules,
Nombre de livides macules.
Mademoiselle du Vivier (4),
Qui se trouva sans couvrier,
Pensa, dit-on, donner à rire....
« Tout beau, muse, qu'allez-vous dire ?
» On vous fera capot et pic,
» C'est la belle sœur de Saint-Pic (5) ! »

(1) Jacques Courtin, procureur en la sénéchaussée.

(2) François-Venant Babin, conseiller en l'élection.

(3) Gabriel Brunet, sieur de Sérigné, pourvu depuis peu de la charge de président de l'élection de Fontenay. Il mourut des blessures reçues en cette occasion.

(4) Femme de Pierre Nicou, sieur du Vivier, demeurant à Sérigné.

(5) Nicolas Jolly, sieur de Saint-Picq, lieutenant particulier au siége royal, époux de Jeanne Nicou, sœur du sieur du Vivier.

Monsieur Joüet, dans la mêlée,
Eut un peu la côte foulée,
Ayant ce jour-là belle peur
D'ôter au roi son receveur (1);
Mais, par bonheur, le ciel lui marque
Qu'il veille aux droits de ce monarque.
Un bon vieillard pécunieux,
Car telles gens sont curieux
D'entendre prêcher à leurs aises,
Quand on ne paye point les chaises,
Sans y penser, se trouva pris
Sous l'affluence du débris,
Et, faisant triste contenance,
S'excitoit à la repentance,
Demandoit l'absolution,
Disant avoir attrition
D'avoir bien plus aimé sa bourse
Que son Dieu, sa seule ressource.
Lorsqu'un sectateur de Moline,
Apercevant sa triste mine,
L'assura fort qu'en Paradis,
S'il mouroit, il seroit assis,
Sur cette opinion probable,
Qu'Escobar emprunta du diable,
Que l'homme, en tout temps, en tout lieu,
Peut se sauver sans aimer Dieu.
Enfin jamais bruit ni vacarmes
N'excitèrent plus justes larmes.
Cette étrange confusion
Veut un peu de compassion.
On aperçoit, en même peine,
Officiers de traite foraine,
Médecin, juge, maltôtier,
Avocat, sergent et fermier,
Procureur, clerc, apothiquaire,
Tout faisoit bel effort à braire.
Les cris de ces demi-mourans
Furent portés jusqu'à Marans,
Par les échos de la Vendée,
Que réveilla la renommée.
Vous voilà riches pour jamais,
Chirurgiens de Fontenay;

(1) Il était receveur des tailles.

Car enfin jamais la lancette,
Le bistourit et la pincette,
Ne jouèrent si bien leurs jeux
Qu'en un jour si malencontreux.
Chirurgien, eut-il carosse,
Ne demande que playe et bosse.
Aussi voit-on de toutes parts,
Ligatures, bandages épars.
Les plus petits plébotomistes
N'en cèdent rien aux plus artistes,
Et le moindre petit baigneur
Devient ce jour-là grand saigneur.
Je ne crois pas qu'aux deux batailles
Et de Fleurus et de Marsailles (1),
Il se soit versé tant de sang :
On en eut fait un grand étang.
Les ligatures, les bandages,
Mirent plus de linge en usage,
Qu'en mouchoirs ne mirent jamais
Les coquettes de Fontenay.
Embrocation, cataplasme,
Se portent chez qui les réclame ;
Eau rose, blancs d'œufs, opias,
Sont plus recherchés qu'hypocras,
Et tous ces remèdes topiques,
Qui n'ont point de place aux boutiques,
Mais que Caillau (2), notre très cher,
Sur parties chiffre bien cher,
Quand patient par ses mains passe ;
Mais dont il fait de moitié grace,
Coupant toujours quelque zéro,
Quand on régle le numéro.
Tous les Chyrons, les Esculapes,
Sans prendre ni manteaux ni capes,
Fors leurs étuis, tant sont pressés,
Courent partout chez les blessés.
Les élèves de Monsieur Thuiles
Chargés d'extrait d'onguents et d'huiles,
De salvia, de balsamum,

(1) Il s'agit ici de la bataille de Fleurus, gagnée en 1690 par le maréchal de Luxembourg sur le prince de Waldeck, et de celle de Marsaille, où le maréchal Catinat battit le duc de Savoie, le 4 octobre 1693.

(2) Pierre Caillaud, apothicaire.

Spica, nardus, hypericum,
Dont ils avoient dans leur boutique
Provision assez modique,
Se promettoient los et guerdon,
Plus que Ranchin (1) et que Guidon (2),
Tous, fiers d'aller faire connaître
Ce qu'on apprent sous un tel maître,
Qui dilata bien plus d'anus,
Que Colbert ne compta d'écus,
Et qui mit plus, dans son jeune âge,
De catholicon en usage
Que n'en ordonna Dulaurens (3),
En l'espace de quarante ans,
Et que jamais la Framboisière (4)
N'en fit passer par le derrière
Des coliqueux qui, tous les jours,
Venoient implorer son secours.

Mais qu'est-ce encor que j'entends braire ?
On dit que c'est monsieur le maire,
Qui sent grosse contusion
Où le fémur joint l'ischion.
Ah ! vous babillez trop, ma muse,
Taisez-vous, petite camuse !
J'entends déjà certain censeur,
A qui vous faites mal au cœur :

« Hé ! quel galimatias étrange,
» Dit-il, veut-on nous imposer ?
» Vaut-il pas mieux se reposer ?
» N'est-ce pas-là ce qu'on appelle
» Se déchaîner en bagatelle ?
» Ce verbiage inusité
» Ne sent point son urbanité.
» Trouve-t-on là du sel attique,
» Qui flatte, qui plaît et qui pique,

(1) François Ranchin, auteur des *Opuscula Medica*, imprimés à Lyon en 1627, in-4°.

(2) Guy de Chauliac, surnommé Guidon, parce que ses écrits étaient les livres classiques des chirurgiens, vivait au XIVe siècle.

(3) André Dulaurens, illustre anatomiste français, mort en 1609.

(4) Jean Robert, dit le sieur de la Framboisière, apothicaire de Fontenay, mort fort riche en 1697. Son surnom lui venait probablement de ce qu'on l'avait comparé, pour le traitement des coliques, à Nicolas Abraham, sieur de la Framboisière, médecin ordinaire du roi Henri IV, auteur des *Lois de médecine*, imprimées à Paris, en 1608, in-8°, livre fort goûté des gens de sa profession. Nous possédons l'exemplaire ayant appartenu à Simon Pichard, autre apothicaire fontenaisien, qui vivait dans le premier tiers du XVIIe siècle.

Et, donnant du goût au lecteur,
Promet un gros nom à l'auteur?
La satyre qui nous assomme
Ne vient jamais d'un savant homme.
Ce génie étroit et borné
Ne peut manquer d'être berné.
Par un sentiment prophétique,
J'entends déjà ce qu'on réplique
Pour faire voir à ce Transon
Son peu d'esprit et de raison,
Et que ses muses triviales
Parlent le langage des halles,
Les habillant comme Faret (1)
En servantes de cabaret.
Apollon devroit du Parnasse,
Bannir cet avorton d'Horace,
Et l'envoyer sur l'Achéron,
S'unir aux mânes de Scarron.

(1) Nicolas Faret, rimailleur français, l'une des victimes de Boileau qu'il n'y à pas trop lieu de plaindre.

II.

Vela, merme! ine gronde affoire
Sus lés bras de quiau povre moire
Qui, l'autre jur, à Fontenas,
Fit ajauculer le palas!
Sitot qu'iquy non se rencontre,
Tot sitot in chaquin o conte,
Et si quauques ins en criant,
Tretous les plus fins en riant.
Vrai! jameis dons netre village,
Ie ne vis in itau bagouillage (1).
O fut après la Guillanu (2),
Que non premene le rasbu,
Vers la coüe de la semoine
Que non det chômé la Typhoine (3),
Qu'ol arrivit quiau grond meschet,
Qui fit bosser mé d'in bréchet.
Quiau moire, qui se cret habile
Avoit fait prôner pre la ville
Que glle velait desbagouiller
In de quiélés prepoux moulés,
Que gll'apelant ine harongue,
Ses consors et ly, dons lou longue:
De mode que gronds et petits,
Autant les bons que les chétis,
S'entrecottiant à grond preisse
Queme quond non sort de la meisse
O bé queme daus étornaux,
Qui se hallant dan in frapreau.
Dons le plancher de quielle salle,
Quasiment grond queme ine halle,
Où lés juges, lés proculoux,
Gaignant l'argent daus chicanoux,
O s'assombllit, en grond liesse,
Moult de borgeas et de nobllesse.

(1) La copie manuscrite de la Bibliothèque de Niort est très défectueuse dans tout ce préambule.

(2) La *Guillaneu*, premier de l'an, souvenir du *gui l'an neuf* celtique. Ce jour-là, des bandes de gens de tout âge et de tout sexe, allaient, de maison en maison, chanter des chansons en l'honneur de la *Guillaneu*, afin d'obtenir quelques dons qui les aidassent à fêter l'avénement de la nouvelle année.

(3) L'Épiphanie, jour des Rois.

O l'entrait tot bourin bouret,
Queme daus oueilles en in tet.
O venit tot à la mouée;
Non vit jameis itau grouée
De totes manères de gens,
jusqu'aux maltoters, aux sargens;
Daus damoiselles, daus madames;
Daus gas qui meniant daus femmes
Sos les esselles et pre la main.
Non ne vit jameis itau train.
O venit encor daus chanoines,
Qui portiant haut leux bedaines,
Et pis aprés in grond soulas
De proculoux et d'avocats.
O l'était, merme! belle chouse
De voir grouée si nombrouse.
O ne ponsit jameis régner.
Le moire en sit évreillaudé.
Dau in bout gle fasoit son gobe;
Car gl'avoit pris sa belle robe.
Gle s'ésuait o sin mochet,
Et pis quond gl'ut pris sin bounet,
Gle fit ine grond revéronce,
Queme quond non entre on la donse,
Et pis queminceit sin prepoux,
D'in air qui n'étoit poit pidoux.
Tot le monde prestoit l'oraille,
Quand, tot d'in cop d'ine muraille,
La tronse dau mitan chézit,
Et tot le plloncher s'effondrit.
Bredi breda! Jameis tounoirre
De vie d'houme et de mimoire,
Ne fit in itau boulvarit.
Dame! o fut in férieux brit.
O chézoit, landeridondaine!
Houmes et femmes à centaine,
Hurluberlu, pre pelotons,
Queme dau fain est en mulons.
Chasquin bréyait queme ine beste,
L'in le cousté, l'autre la teiste.
Sus l'in o chet in solivea,
Qui li rabuste le cervea;
Dessus l'autre o chet ine plloncho,

Qui le corpegnon li démonche,
Et non les véyait degrener
Queme les prenes d'in prener.
D'ine madame la pontoufle
Chézit tot dret dessus le moufle
D'in povre père cordeler;
O cuidit, sansgoy, l'affoler.
La povre dame, en grond détresse,
Montrit au moins bé sés dux fesses,
A chevau sus in solivea,
Merme! qu'o n'était guére béa.
Si non cret quieu que dit le conte,
Quiau povre moine oguit grond honte.
Onfin quelle dame chézit,
Et, chézant, se renvresit
Au cousté d'in de quiélés moines,
Qui sont natres queme daux foines,
Et que non dit qui sant si fins
Que gle fasant tot en latin,
Meis qui sant tacarins et chiches,
Encor que gle séchant bé riches;
Car, en morant, mosieu Moréa (1),
Mademoiselle Priouzéa (2)
Leux bailliront tote leu harde.
Le bon Dieu les sauve et les garde!
La dame ne povoit hober;
Le moine en fut tot choqué.
Gle montroit bé à sa frimouse
Que gl'avoit jameis vu çau chouse;
Meis, sans jobiner, ben et béa
Gl'abriit tot de sin chapea.
Gn'y perdit rin quiau moine babile:
Car quond o fut à fére Gille (3),
Quem' gl'étoit daus pus diligents,
Gl'en happit in ourlé d'argent;

(1) Jean Moreau, chanoine et official de Luçon, avait abandonné aux Jésuites, moyennant une modique rente viagère, tous les biens de René Moreau, assesseur en la sénéchaussée, son père, qui lui-même leur avait fait de nombreuses largesses. C'était grâce à ce dernier qu'ils avaient pu avoir une classe de cinquième à leur collége de Fontenay.

(2) Renée et Catherine Priouzeau, deux sœurs vieilles, dévotes et riches, se montrèrent, de leur vivant, très généreuses envers les Jésuites. Elles leur donnèrent aussi, par testament, 500 livres de rente, à la condition de les affecter à la création d'une chaire de rhétorique.

(3) *Faire Gille* a le même sens que *faire Charlemagne*, c'est-à-dire se retirer du jeu les mains-pleines.

Meis si barbouillé de farine
Que gl'en jobrit tot sen échine.
En sortant de quiau brouhaha,
L'in disoit : « hop ! l'autre : haha ! »
Meis in povre moine daux Loges (3)
Cuidoit foire Jacques Déloge,
Quond gle se prit au trebuchet
Et s'ébroquegnit le bréchet,
Et tot sin povre corps en transe
Fasoit pidouze contenance.
Ie ne saras dire combé
O s'engoissit de gens de bé.
Non disoit à l'entour la ville
Que gn'étiant pas moins d'in mille :
Meis, bounes gens ! la grâce à Dieu !
O n'en mourit pas sus le lieu.
Non fit tant feire de segnées
Que les rues furant begnées.
Le moire fut ben éponté ;
Gle se trouit tot ahonté.
Gne singit pus à sa harongue ;
Car gle s'étoit mordu la longue.
O seroit in gas bé gampoux,
Si gn'était poit in pois boitoux ;
Meis Dieu li baillit ine écorne,
Qui rond le povre houme tot morne.
Et dampis quieu, quond glo vedret,
Non dit que gneirat jameis dret.
Le bounhoumme Godet, son pére,
En cuidoit fére un notére ;
Pre que gle fut in gas bé fin,
Gle lé bredoirit de latin.
Meis quiau dreillaud s'on fit accrére,
Et méprisont sen écritoire,
Gl'entreprit, avec ses escus,
De peter pus haut que le cul.

(3) Les Jacobins.

III.

STANCES

SUR LE MÊME SUJET

—

D'une parole, ce dit-on,
Vous mettez un palais par terre.
Godet, votre voix de tonnerre
Est plus forte que le canon.

Canons, coulevrines, mousquets
Vont désormais être inutiles :
Le Roy, pour renverser des villes,
N'aura besoin que de Godets.

Ces petits aqueducs de seaux
Qu'on fait pisser dans la marmite,
Auprès de vous, Godet d'élite,
Ne sont que des godelureaux.

Un certain Hercule gaulois
Enchaînoit les gens par l'oreille.
Vous faites une autre merveille,
Vous les renversez par la voix.

Vous faites revivre aujourd'hui
Cet illustre faiseur de braise,
Qui brûla le temple d'Ephèse,
Afin que l'on parlât de lui.

Vous avez fait à Fontenay
Ce qu'Érostraste fit en Grèce :
Il délogeoit une Déesse,
Vous privez l'autre d'un palais.

Tous les favoris d'Apollon
Vont travailler à votre gloire,
Et désormais, dans notre histoire,
On verra briller votre nom.

En vers de toutes les façons,
Les nymphes héliconiades
En publieront des Illiades :
Ce ne seront plus des chansons.

Il faudroit être farfadet,
Pour vous connoître et ne rien dire :
Car, en si beau chemin d'écrire,
Minerva diverso Gaudet.

Mais vous jurez comme un cadet ;
Tout beau ! Monsieur, qu'allez-vous faire ?
Parbleu ! de belle eau toute claire,
Comme un autre petit Godet.

Fontenay. — Imprimerie de P. Robuchon.

www.ingramcontent.com/pod-product-compliance
Lightning Source LLC
LaVergne TN
LVHW012103170726
843501LV00008BB/2742

* 9 7 8 2 3 2 9 6 4 6 8 5 5 *